디카시 디자인

낙선에서 입상까지 만루-타

디카시 디자인

인쇄 · 2025년 9월 1일 | 발행 · 2025년 9월 6일

지은이 · 조규춘
펴낸이 · 한봉숙
펴낸곳 · 푸른사상사

등록 · 1999년 7월 8일 제2-2876호
주소 · 경기도 파주시 회동길 337-16(서패동 470-6) 푸른사상사
대표전화 · 031) 955-9111(2) | 팩스 · 031) 955-9114
이메일 · prun21c@hanmail.net
홈페이지 · http://www.prun21c.com

ⓒ 조규춘, 2025

ISBN 979-11-308-2323-2   03810
값 22,000원

- 저자와 합의하여 인지는 생략합니다.
- 이 도서의 전부 또는 일부 내용을 재사용하려면 사전에 저작권자와 푸른사상사의 서면에 의한 동의를 받아야 합니다.
- 이 도서의 표지와 본문 레이아웃 디자인에 대한 권리는 푸른사상사에 있습니다.

디카시 디자인

낙선에서 입상까지 만루-타

조규춘 디카시집

푸른사상
PRUNSASANG

_()_
부족한
감성이나마
시각적 감각으로

나의 디카시는 디자인이다
광고디자인이며 문화상품이라 한다
힐링 시라고 한다면 가족 시라고도 하겠다
'디카시는 디카시다' 디카시 정체성 준수를 우선한다
전국공모전은 아직 공감적으로 미진한 현실임을 엿볼 수 있다

최초로 '디카시창작지도사 자격' 1기 과정을 통해 정체성 확보가 속속들이 전파되고 있다. 본 작품은 과도기 상황에서 이뤄진 것들로 눈여겨봐야 할 점이다. 수상작은 원본을 유지하나 낙선작은 일부 수정 보완됐음을 밝힌다. 무등산 천지인 3봉 아래 조규춘

1 스무고개 입상

풍경 밖 울림 · 11
타지 않는 소원지 · 12
남새밭 여승 · 13
엮어진 삶 · 14
바다가 하늘이다 · 15
장보고 맛보고 · 16
멋 중의 맛 · 17
최초 불교 도래지 · 18
영광의 함성 · 19
석정(石亭) 이정직 생가 앞 · 20
석정(石亭)의 실학 사상 · 21
김제 순례길 · 22
법성포 지킴이 · 23
상사화 절 · 24
와우정(臥牛亭) 읽다 · 25
궁리포구 철게 · 26
홍주성 굴렁쇠 · 27
빨간 수병 · 28
궁리포구 사랑 · 29
신산서원 시구절 · 30
신산서원 스케치 · 31
신산서원 모과나무는 · 32
덕천서원 다문화 · 33
덕천서원 겨레 사랑 · 34
덕천서원 호연지기 · 35

2 발품 팔다

39 · 고목에 싹트다
40 · 선열의 꽃
41 · 무쇠솥
42 · 복두꺼비
43 · 색연필 사색
44 · 봄 사자 봄
45 · 몸살 지구
46 · 세미원 축음기판
47 · 두물머리 생각 상자
48 · 하동 낙죽장(洛竹匠)
49 · 청학동 원방각(圓方角)
50 · 하동 방아섬
51 · 나팔 소리
52 · 카레이스키
53 · 아 카레이스키
54 · 무심 키우기
55 · 차밭 삼매경
56 · 봉황의 쉼터
57 · 봉황대 공원
58 · 관천재 텃밭머리
59 · 유공정(柳公井) 자취
60 · 사충단(四忠壇)에서 문득
61 · 망향의 끝
62 · 뫼비우스 오솔길
63 · 고성 인기척

낙선작에서 배움 ③

조선의 눈총 · 67
진주성의 날개 · 68
나들이 추억 · 69
임진각의 꿈 · 70
따뜻한 겨울 · 71
집 밖의 가훈 · 72
솔섬 솟대 · 73
문무대왕 순시 · 74
내 그림자 · 75
열녀 비문(祕文) · 76
내가 세운 성산포 · 77
제주 돌보기 · 78
해녀의 숨비 · 79
소나기 일기 · 80
24시 재래시장 · 81
솔섬 솔개그늘 · 82
연착륙하다 · 83
채석강 콘서트 · 84
아중호수 산책 · 85
로드킬 · 86
여의도 울돌목 · 87
반려 양 · 88
귀 기울이다 · 89
4·3 수선화(修繕靴) · 90
누워 있는 돌 · 91

④ 가족시 & 문화상품

95 · 일통 화평
96 · 몰카 뒤 몰카
97 · 미련일랑
98 · 디카시가 뭐길래
99 · 조각공원에서
100 · 봉황동 우물거울
101 · 몸통설
102 · 잇따라 쏨
103 · 부화장
104 · 소녀 가장
105 · 대견스럽다
106 · 법성포 새 점묘법
107 · 만남표
108 · 떨군 사연
109 · 월척이 조기다
110 · 총구 없는 디카총
111 · 대보름 문안
112 · 배꼽 아래 히말라야
113 · 금슬 금줄
114 · 축령산 세심비(洗心箄)
115 · 죽곡정사(竹谷精舍) 용매
116 · 엘레지의 여왕
117 · 명옥헌 풍미
118 · 궁남지 성찬
119 · 소망은 하늘 같아서

해설 렌즈의 눈과 심경(心境)의 눈 _ 김종회

문자 기호는 폰카 프레임처럼 네모 안에 구성하였다

스무고개 입상 1

지리산 오도재에서 2020.7

2024 시사불교 신춘_대상

풍경 밖 울림

범종이 묻고 쇠북이 답하면
물고기 날아서 구름을 탄다

크고 작음을 탓하지 않는 사이

꽃은 아름다워도 사라지지만
종각 소리 즐겁다면 깨닫는 길

타지 않는 소원지

불 머금은 땅

낮에는 풀무질 밤에는 담금질

비손들 속삭임 별빛으로 화답할까

천 년 기와 녹슬지 않을 방패

남새밭 여승

칠갑산 자락에 사모곡이 배인
호미가 산다

손톱 끝 지지 않은 속눈썹 달
붉은 매니큐어 선물하고 싶다

2021 청정 영광_은상

엮어진 삶

색색 웃음꽃으로 피어난 갯마을

바다가 전하는 꽃바람
들고 날고

고향을 지키는 굴비
명성 따라 오래도록 머물고 싶다

바다가 하늘이다

갯물 따라 갯바람
영광의 기쁨으로 갈매기 난다

조기가 굴비 되듯
나도 황금빛으로 익어가고 싶은

장보고 맛보고

해상왕 장보고
산중왕 맛본다

비굴하지 않은 상도가
법성포구 지킨다

꽃게장도 맛본 왕중왕 누구인가

멋 중의 맛

엮어진 정성 알알이 배었다

떠나보내는 눈길 마음도
그 너머 향수 찾아간다

한 많은 보릿고개
식어서는 안 되는 보리굴비

최초 불교 도래지

바다와 육지가 품 안에 있다
품 밖
하늘에서도 서로 내미는 손
영 광
내 손은 연등 매달 차례인가

영광의 함성

나가자 산책
여기 침 꼴딱 삼키는 소리

한번 맛볼 양으로 입맛 다신다
반짝이는 꽃 입술 저기

2022 석정 문학_우수상

석정(石亭) 이정직 생가 앞

목마름 위로
초록 꿈 그리는 붓자락

아낙네들 방망이질
새들 글 읽는 소리 맴돌고

그 어르신 품자락 그늘 되어 부른다

석정(石亭)의 실학 사상

달빛

아래

일곱 별의 무지개 빛깔 받은 자리

내가 돌이면 솜 방석에 앉아야지만
내가 부드러우면 돌 방석이 웃는다

* 석정 : 김제 이정직. 시, 서, 화에 능한 실학의 대가

김제 순례길

석정(石亭) 생가 용마루 따라
붓대가 하늘을 탄다

씨간장 익어가는
시를 쓰고 그린 풍경

찾아온 발길마다 녹음 중이네

2022 청정 영광_동상

법성포 지킴이

갯바람에 잔뼈가 굵은
너 나 할 것 없는 민초들

목책 물러서면 돌성도 무너진다

쓰나미가 닥친들
바닥 속은 내가 더 잘 안다

상사화 절

불갑사 뜰 안 들어가기도 전에
나를 사로잡은 사천왕

일주문 아래
두 손 모아
무릎 꿇었지

와우정(臥牛亭) 읽다

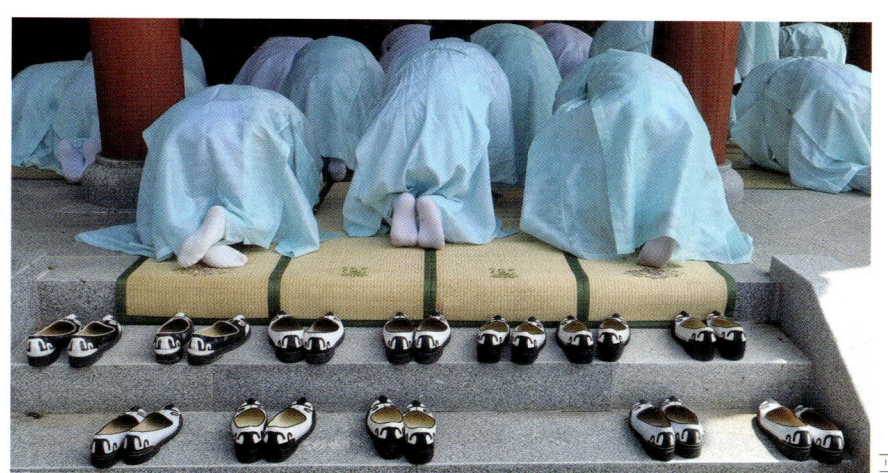

소 짚신 신겨 달구지 끌었지요

뱃고동 울림에 메아리 소울음

여물 차려 누운 소 일으킵니다

큰 어르신 다녀간 숲쟁이공원

궁리포구 철게

집게발 내밀고
앞으로 전진

죽을 수는 있어도
물러설 수는 없다

홍주성 굴렁쇠

나는 멀리 달려볼 거야
나는 높이 날아볼 거야

둘이 하나 되는 시간
돌아보자 지구 한 바퀴

2023 문화도시홍성_동상

빨간 수병

숨은 불씨도 살핀다

들숨 날숨 함께하는 긴장 속
교대 없는 수문장

사이렌이 울리기 전에
너와 내가 따로 없다

궁리포구 사랑

지나가는 큰 별 하나
크면 클수록 힘은 덜 들지

오순도순 응원 가락에
미끼 없이도 월척이다

2023 남명시화전_인본상

신산서원 시구절

범산 울려대는
처마 끝 낙숫물

여섯 줄 얼시구 열두 줄 절시구

마당은 시 쓰고
바람은 꿈을 담는다

신산서원 스케치

칸딘스키 칸 나누기로
인수분해 한들

몬드리안 모양 내기로
미분적분 한들

공간 미학은 산해정에서

신산서원 모과나무는

떨구지 못한 떨켜의 사연은
가을을 업고 겨울나기 했다

인접 불어오는 매캐한 연기
주렁주렁 여름 키워 뛸 차례인데

2023 남명문학_최우수상

덕천서원 다문화

노거수 은행나무에 구름 지나간 듯

버찌 찾아 새들이 날아들고
찔레꽃에 벌 나비 찾아드니
뽕 오디는 잘 익은 제자인가

스승의 뜻 따라 하나 되는 큰 세상

덕천서원 겨레 사랑

사괘 기둥이 마루판 잇대고
서까래가 기와 이고 있듯이

태극과 이들의 짝 맞춤처럼
눈빛 한 뿌리 곧게 서는 일

덕천서원 호연지기

지리산 범 발자국 따라
큰 별 내려앉았을 자리

유연한 성품 길렀으리
의연한 인품 다스렸으리

한 줄도 길다 싶어 실내외 벽에 장식성을 고려하였다

발품 팔다 2

키르기스스탄. 만년설 3500m 호랑이 2023

2003 한국사진문_최우수상

고목에 싹트다

검은 대 오죽하면
화살 되다 말고 붓 되었나
부러진 대나무 그린 학포 양팽손*

죽창이 대대로 자라고 있다

* 조광조 시신을 수습한 제자

2024 SNS백일장 당선

선열의 꽃

닭 울음
알 수 없는 빛 쫓아
손끝마다 피어오르는 눈부심

한 땀 한 땀
총칼 앞에 태극기로 번져갔지

2023 한국사진문학_신인문학상

무쇠솥

울 만큼 울어도 보았다
보리개떡 찌면서

속눈물조차 애간장 태웠다
솥뚜껑에 부침개 지지며

식을 줄 모르는 어머니의 품

복두꺼비

정지된 약속이었어
잠시 내미는 건 유혹이 아니야
경계 너머 부풀어 오른 꿈

사선이다

색연필 사색

엉거주춤 마음껏 웃지 못하고

충치 풍치 발치
바람 불면 시리던 지난날

한 줌 꽉 쥔 채로
침 발라 그리던 몽당연필인가

봄 사자 봄

당겨진 힘줄마다 움켜쥔 속내
곧추선 갈기 봄서 찾아온다는

봄물 기다리는 천년지기 암내
눕기는커녕 사냥 가야 하는데

몸살 지구

들배지기에 잡채기더냐
힘센 바람이 쓸고 간 자리
하늘의 심판은

두 장사도 일어나지 못하는
불볕 이판사판

2023 황순원 디카시_가작

세미원 축음기판

두물머리에
물동이 물 더하여 아리랑이다

망향 동산에
단단히 손잡으면 한강-수월래다

북쪽 하늘 은하수도 칭칭 감고 도는데

두물머리 생각 상자

어느 햇볕에 무지개 뜰까
북장구 소리 없어도 좋다

물길 남으로 물결 북으로
물같이 포개어 살자는데

2023 이병주 디카시_가작

하동 낙죽장(洛竹匠)

낙을 놓는다는 일

검붉은 심장이 식기 전에
캄캄한 얼음 속 죽순이랑
동백 시구절 피워 올린다

청학동 원방각(圓方角)

한글의 탯줄인 양 알봉인 양

이응이 이흥이흥 흥이 납니다
미음이 미움으로 비웃기도 합니다
시옷이 지긋하게 치솟았습니다

단짠신쓴 맛 내는 봉우리 멋

하동 방아섬

쫑긋 귀 방아 찧고
가을 전어 술상에 튀어 오른다

맛점 입소문 · 눈도장 멋점

바다거북 노 저어
물밑도 닦아내고 둥지 튼다는

2023 치유문학 더 베스트상

나팔 소리

분단은 철가시가 아니다
아픔은 건너뛰어 날아야 한다

하루만이라도 한 해만이라도
기상나팔에 분통 터질지라도

카레이스키

햇볕에 녹은 만년설이 뿌리 적시자

찬바람도 울고 가는 보리피리 소리

낮에는 그늘 밤에는 온기

맞대는 얼굴마다 이웃이라는 뿌리

아 카레이스키

작다고 적은 것이 아니다
커서 으스러지는 것보다야

삼천구백 고지의 눈 속 함성

밟혀도 꺾이지 않으리
말발 붉은 편자에 찍히지 않는 한

2024 금암 문학_대상

무심 키우기

땀으로 키워낸 무량
청정을 지키는 땅심

바람 속의 겨울나기 당당하다

비움으로 힘을 키운
바람들지 않은 불심

차밭 삼매경

빛의 원색이 우려 나온다

코끝에 와닿은 바람결이
귓전에 속삭인 순간
풍덩
찻잔 속에 온몸이 젖는다

2024 마타리꽃 문학_대상

봉황의 쉼터

황세와 여의가 글 읽고 놀던 바위
부질없는 소낙비에 원두막 되었지

섬섬이 아쟁과 해선이 가야금 장단에
호야꽃과 마타리꽃 맞장구치는가

2024 용녀왕비 문학상_대상

봉황대 공원

황세 도령과 여의 낭자
기웃기웃 술래잡기하던 터

섬섬이 아쟁 일곱 고비 넘어가면
해선이 가야금 열두 굽 타는 사연

내 폰카 다섯 줄도 파르르 떤다

2023 사충신 의병문학상_우수상

관천재 텃밭머리

귀퉁이면 어쩌고
모퉁이면 어떠냐

단 한 뼘이라도

내 땅은 내가 지킨다

유공정(柳公井) 자취

닫힌 지붕과 열린 하늘 사이
소리 없이 생명수 흐르네

말발굽 소리 대신한 오토바이

유충신의 형형한 눈동자
곳곳 꼿꼿이 내려다보시네

사충단(四忠壇)에서 문득

충심을 받드는 삼지창인가

4절까지 불러본 무궁화 빛

차창에 그린
입술연지 후끈 달아오르네

2024 고성 국제_장려상

망향의 끝

하늘길 막히면
오작교 어때

감춘 배는 더욱 아니지

가뭄 바닥이 드러나야 하는가
건너편 동산은 가물거리는데

뫼비우스 오솔길

예스러움이 만나는 여유로움

구름같이 가벼이
부드러이 물같이

춤추듯 영남루 오르랑내리랑

고성 인기척

고인돌이 천제단이면
차를 따를까 술을 올릴까

후빈 비손의 일곱 별 잔
눈비로 채워진다지만

구름 그늘만 쉬어 가는데

연하장, 생일, 행사 등 축하는 디카시로 효과 만점이다

낙선작에서 배움 3

보성, 대한다원 2024.3

2022 진주_응모

조선의 눈총

게다짝 물고
버선발로 뛰었습니다

수궁 한 채
무너지기 전에

온몸으로 지켰습니다

진주성의 날개

그리움이 떨군 자락인가

더 큰 울음으로 박힌
지울 수 없는 버선발

내디딘 발 이리도 저려 올까

2023 서울장미_응모

나들이 추억

꽃가마 타고 왔었지
꽃마차 탄 기분이야

바람이 강 물결 밀고 올라가듯
나는야 원 없지 고향 땅이라면

할머니 이젠 우리 집으로 가요

2025 대구신춘_응모

임진각의 꿈

엄마 아빠가 부르던 노래

생각이 다를지라도
그 소원은 어디로 갔나요

독수리 날고 물풍선만 오가는데

따뜻한 겨울

펵! 눈을 피해 날다가
눈의 실수로 유리창에 그만

투명한 울먹임의 번짐
깨어남에 서로 갖는 그 맘

집 밖의 가훈

엄마 요리 준비할 때
아빠는 나날이 월장(月將)이다

너희들은 고래
멸치잡이도 좋다만
태양을 품어라

솔섬 숫대

밀물이 안부 묻자
썰물에 부안 3절 전한다

안절부절 우여곡절 청산-수절

*3절 : 직소폭포 유희경 이매창

문무대왕 순시

채석강 지키는데
두려움 있어서야

불순 돌 굴러오거든
울돌목 장군이 막고

동서를 막론하고 대왕이 앞선다

2023 한사문_응모

내 그림자

다가갈수록
웃음 물이 들어요
청학동 해님이 달맞이 중입니다
입술 가까워진 사이
세상 붉어져요

열녀 비문(祕文)

못다 새긴 원고지
가을비 눈물로 썼네

모래 먼지가 흝고 간
입 다문 그 글월들

내가 세운 성산포

동전으로 쌓은 공(功)

천지는 담아서 강으로 흐르고
백록담 비워서 바다를 지킨다

탑에 점화되는 덕(德)

제주 돌보기

모난 맘 다독이면 서로가 편해지지

춥다 덥다 짜증만은 더더욱 아니지

쌓은 돌처럼 한결같은 자리 지킴을

해녀의 숨비

세상 나와서도 여전히 우렁각시

펄 내음 짙은 바다 숲에서
속귀 열고 사랑 고백했을까

물질 후 우렁찬 숨 확성기 탄다

2021 양평_응모

소나기 일기

우두둑 둘 둘 하나둘
발걸음도 연주합니다

왕버들 숨 들이켜며
마르지 않는 수채화 녹음 중입니다

24시 재래시장

꽃 사시오 꽃

모지락스레 살아온 그늘
꽃이 진 자리
꽃 피우는 햇볕 팝니다

엿 사시오 엿

2021 부안_응모

솔섬 솔개그늘

거북 등에 노는 날치
때 묻히고 싶지 않다

잿빛 구름의 비행을 감시하는 날개
깃털 하나도 날리지 않는 평온이여

2022 부안_응모

연착륙하다

태초부터 그랬을까
풀씨 하나 날아온 솔섬

보트피플 찾아온 솔나라
새터민 잘 뿌리내려야 하는데

채석강 콘서트

은반 거울에 넘어질 뻔했어

줌바 아줌마-삼바 삼촌
꽃바람 일으키는 살사춤

강아지 제 꼬리 물듯 빙빙
쇠재비 자락 엎치락-덮치락

2023 완주_응모?

이중호수 산책

아버지 못줄 잡고
어머니 모 심었다

둥근달 떠오르듯이 기다린다
손주 손잡고 둘레길 한 바퀴

2021 하동_응모

로드킬

속도를 더 낮춰주세요

산란을 무릅쓰고
해부 시간 등굣길

어린이 노약자만은 아닙니다

여의도 울돌목

눈빛은 쌀뜨물 백신이었습니다

백성의 피와 살 물고기밥 될지라도

눈 내린 밤 두렵지 않았습니다

2024 반려_응모

반려 양

벗어나고 싶어요
우리 짝지어 놀아요
털 가죽 고기 그리고 젖
모두 내주는 이웃 또 있던가요

2023 나주_응모

귀 기울이다

금성산 아래 자미산성
북두칠성이 가장 가깝다더니
반남마을 발복이 빛가람인가

이 땅도 숨을 쉰다
꽃씨 품은 일곱 별

2020 제주_응모

4·3 수선화(修繕靴)

기상나팔 뚜뚜뚜뚜
뒹굴다 포개진 이름 없는 선돌에
짝 잃은 한 짝 신
파랗게 시린 바람 불어와도
단단히 묶은 끈 세월을 이겨낸다

누워 있는 돌

몬닥 빙산이 정박하자
놀란 불바다에 곡비마저 숨죽이고
명부조차 없는 조난자

새겨 넣을 넋 4 石 3

가족이 디카시에 참여하여 입상하니 디카시 가족이다

가족시 & 문화상품 4

일통 화평
(一統 和平)

청설모라면
달려갈까 날아가야 할까
푸르름 올 때까지 기다려야 하나

뭉쳐도 살고 흩어져도 산다지만
이산의 아픔은 언제까지

가족 1

몰카 뒤 몰카

인어공주 찾는 법성포구
갈매기는 애만 태우는데

기웃거린 금발의 속사정
후방이 보이면 삼식이 가장이다

가족 2

미련일랑

광주에서 어쩌다 상주까지
네 바퀴로 25년 걸린 칠순의 아우
휠체어로 십 리 마중한 구순의 언니

막대자석과 말굽자석 포옹도 잠시
산울림 그림자만 쏟아낸다

가족 3 김경옥(처)

디카시가 뭐길래

법성포 골골이 굴비 길

아빠 딸 모처럼 갯바람에 영글어간다
뭐 길 내?

시나브로, 시 나부러!
나도 따라 몰카로 길 내고 있다

조각공원에서

손은 발을 그리고
발은 시 쓰고 있어요

퐁당퐁당
누구 몰래 발 담그면
깜짝 소나기가 내려요

2024 용녀왕비_김경옥(입선)

봉황동 우물거울

하늘만큼 바다만큼
넓이와 깊이는 알 수 없지만

서민이 물 긷다 왕비가 된 샘터
민속박물관 뜰에 솟았나

넘치는 돌확에 내미는 얼굴

몸통설

머리로 착각하지 마

한마음일 때 추락하지 않는 것

꼬리치지 마 오리발 내밀지 마

2020 빛고을전_안혜진(숙모)

잇따라 쏨

찾아오기를 기다렸다
꼬리 내려 알을 품고
날게 되면 같이 날고

오래도록 머물다 가렴

안혜진(숙모)

부화장

철이 없나요

삐약 삐약
울 엄마는 어디 있나요

엄마 품이 그립지만
엄마 맘도 안쓰럽겠지요

안혜진(숙모)

소녀 가장

그해 겨울은 춥지 않았어요

세상 밝아지는
성냥불이 있었기에

2024 반려동물_(딸)

대견스럽다

너는 네 발인데
세발자전거 탈 수 있겠어

그냥 네 바퀴로 잘 달릴게요
뒤에 조심해요 엄마

2024 영광 응모(딸)

법성포 새 점묘법

폴 시냑 북장구에
조르주 쇠라의 징 꽹과리 소리

파도를 일으키는 바람
쉼 없는 사물놀이 한창이다

만남표

반갑다
소 울음이 뱃고동 메아리 되었더냐
최초 불교 도래지
등대 없어도 연륙교 불빛 밝혀주니
고맙다

2023 영광 응모(딸)

떨군 사연

늘 나에게 꽃자리 내어주던 너
이제 내 등에 업히렴
　　　상
　　　사
　　　화

월척이 조기다

물결 가르며 입항한 순간
꼬리 먼저 열광하는 입양아

조기 금메달이 굴비 황금 벨트다
멋대로 맛대로 입맛 챔피언

2022 아들

총구 없는 디카총

명증하건대
죽지 않은 뿔과 갈기

뒤따르는 먹이사슬이 코뿔인가

살아남은 자의 몫은
시를 남긴다

문화상품 : 액자

대보름 문안

잊지 않고 찾아오는 약속
향기 가득 품고
꿈을 전하는 한마음 불새

2006 라닥

배꼽 아래 히말라야

낳고 자란 곳에
높고 낮음이 어디 있으랴

자연이 천연이 숨 쉬는데
양껏 소 멋에 구운 개떡 맛

2022 김경옥(처)

금슬 금줄

흑두루미 떼 구름을 날리는데
순천국가정원 바람 타는 백조

연줄 느슨하면 떨어질세라
소라 동산 돌아설 때
세게 당기다 끊어지면 어쩌나

축령산 세심비(洗心篇)

눈이 비를 쓰는가 닦는가
몸 낮춰 세상 티끌 찾는
산지기

설거지는 내일을 위한 준비

죽곡정사(竹谷精舍) 용매

어느 묵객의 초상인가
옷자락 끝에 매달린 단추
이별이 서러워 잠시 머문 자리

눈도장 찍었다
떨어져도 멍울지지 않을

엘레지의 여왕

통째로 떨군 자리
벌 나비 떠났어도
뒷모습이 더 아름답습니다
66해
동백 이미자 왕관

명옥헌 풍미

세 물 피우고 또 피운 자미
연화대에 자리하고 계신다

이정표 세워 등불 밝히니
옥반 옥구슬 잠언 중이시다

궁남지 성찬

수양버들 너울 손에
한 장 한 장 닦은 옥반

옥구슬로 지어 올린 메밥에
어딘가 망보는 물총새

소망은 하늘 같아서

기린이 아니어도
장대만 한 꽃기린이 아니더라도

깨금발을 더하여
닿을 수만 있다면

렌즈의 눈과 심경(心境)의 눈
― 조규춘 디카시집 『디카시 디자인』

김종회(문학평론가, 한국디카시인협회 회장)

1. 조규춘이 디카시를 쓰는 까닭

조규춘은 다재다능한 예술인이다. 그는 1954년 예향(藝鄕)이자 다향(茶鄕)으로 이름난 전남 보성에서 출생했고, 미술을 전공하여 오랜 기간 조선대학교 미술대학 교수를 지냈다. 그런가 하면 문학적 글쓰기에 뜻을 두어 전국 각처의 시와 디카시 공모전에 4회의 대상을 비롯하여 모두 20여 회에 걸쳐 입상한 경력이 있다. 미술과 문학 양면에 함께 기반을 둔 연유로 그가 벌이는 시 낭송 퍼포먼스는 매우 독특하고 색다른 면모가 있다. 그의 디카시에 관한 열정은 특히 놀라워서 이제까지 『줄탁동시』란 이름의 시집을 냈고, 이번 디카시집은 두 번째다. 그 이전에 이미 두 권의 시집을 낸 바 있으며, 지금도 여러 유형의 예술 창작을 도모하고 있는 현역 중의 현역이다.

조규춘의 자백(?)에 의하면 이제까지 문자조형가구 100개의 작품을 제작한 바 있다. 이를테면 예술적 조형에 대한 의지와 견식이 남다르다는 뜻인데, 그러한 까닭인지는 모르겠으나 그는 이 시집의 머리글을 구체시(具體詩)로 썼다. 이 글에서 그는 '나의 디카시는 디자인'이라고 언명(言明)했다. 일찍이 영국의 철혈 수상 마거릿 대처가 각료들에게 '디자인하라, 아니면 사임하라(Design or Resign)'고 요구한 바 있었듯이, 디자인은 단순한 겉모습의 치장이 아니라 사상과 철학의 외형적 반영일 수 있다. 조규춘은 이 언사의 문맥과 상통하는 생각의 소유자로 보이며, 그러기에 그의 디카시들은 풍경의 현상이 아니라 그 본질에 육박하는 유다른 포즈로 형상화 되고 있다.

2. 풍경의 내면을 읽는 매운 눈길

조규춘은 회화와 조형, 그리고 영상미학의 전문가답게 세상의 풍경과 사물을 관찰하는 눈이 유연하게 개방되어 있다. 그러나 그 시선의 초점은 두루 편안하게 넘어가는 법이 없이 단단하고 명료하고 또 맵다. 이 응시와 관찰의 기량으로, 그는 피사체의 내면을 읽어내고 이를 사진과 시의 조합으로 표출한다. 이는 곧 그의 디카시가 갖는 성격을 말한다. 1부에 수록된 시들이 이 창작의 방식에 부합하고 있으며, 그 대상이 되는 영상의 자리는 그가 살고 있는 지역 전반에 폭넓게 펼쳐져 있다. 「최초 불교 도래지」의 잔잔한 바닷가 정취나 「신산서원 스케치」의 산해정 공간 미학 등이 이 표현의 방정식을 충실히 반영한 작품들이다.

풍경 밖 울림

범종이 묻고 쇠북이 답하면
물고기 날아서 구름을 탄다

크고 작음을 탓하지 않는 사이

꽃은 아름다워도 사라지지만
종각 소리 즐겁다면 깨닫는 길

어느 사찰의 이마를 맞댄 처마를 이토록 장엄한 풍광으로 포착할 수 있을까. 세미한 단청 무늬 하나하나, 현묘한 색깔을 덧입은 서까래의 풍미(風靡)한 행렬, 저 멀리 보이는 연초록 은행잎과 푸른 창공의 하늘이 한데 어우러져 사진 그 자체만으로도 하나의 예술품이다. 시인은 여기서 범종과 쇠북과 물고기와 구름의 범종각을 함께 매설했다. 그 요소들의 관계성은 "크고 작음을 탓하지 않는 사이"다. 여기에서 각성의 즐거움을 얻을 수 있다면, 불법(佛法)의 가르침이 그리 멀리 있지 않다. 사진은 사진대로, 시는 시대로 자기 지위를 확보하면서 그 양자가 함께 품격 있는 디카시의 세계를 축조한, 사뭇 돋보이는 작품이다.

석정(石亭) 이정직 생가 앞

목마름 위로
초록 꿈 그리는 붓자락

아낙네들 방망이질
새들 글 읽는 소리 맴돌고

그 어르신 품자락 그늘 되어 부른다

 사진이 보여주는 석정 생가에서 석정(石亭)은 이정직 선생을 말한다. 전북 김제 출신으로 시(詩), 서(書), 화(畵)에 두루 능했던 성리학자이자 실학의 대가였다. 조선의 마지막 실학자라 불리는 선생은 황현, 이건창 같은 이들과 교유했다. 대중에게 널리 알려지지는 않았으나 석정 선생의 학문은 대단히 높았고, 남긴 저서만 해도 50권에 이른다. 조촐하고 소박한 외양을 갖춘 사진은 생가 앞의 우물터가 아닐까. 흰빛의 철쭉이 밝고, 연푸른 나뭇가지가 부드럽게 긴 손을 내민 정갈한 곳에 사람의 그림자 하나 없다. 시인은 이를 "초록 꿈 그리는 붓 자락"이라고 썼다. 연이어 "아낙네들 방망이질"과 "새들 글 읽는 소리" 맴도는 "그 어르신 품 자락"이라고 보았다. 여기서의 어른은, 당연히 이 고요한 그림 속에 깃든 석정 선생의 넋이다.

3. 현실의 뜨락과 역사성의 언어

시인이 바라보는 풀 한 포기나 바람 한 점은, 단순한 물상(物像)에 그치지 않는다. 그것들이 모여 삼라만상을 이루기에 그렇다. 그러나 그 물상이 시대와 역사를 상징하는 뜻을 품고 우리가 살아가는 현실 속에 한 지점을 점유하고 있을 때는 생각의 방식을 좀 달리해야 한다. 조규춘은 이와 같은 분별의 문법을 잘 알고 있는 시인이다. 그것은 어쩌면 우리가 사는 사회의 정체성을 읽는 명료한 눈에 해당하기도 한다. 그러고 보면 사방천지에 옛것의 교훈을 담은 경관이 많기도 하다. 2부의 시들 가운데 「청학동 원방각」에서 세 개의 기호가 암시하는 한글의 상징, 「카레이스키」에서 돌밭 가운데 어렵게 개화한 수국 한 송이에서 중앙아시아 고려인 디아스포라의 뿌리를 소환하는 것이 그 사례다.

무쇠솥

울 만큼 울어도 보았다
보리개떡 찌면서

속눈물조차 애간장 태웠다
솥뚜껑에 부침개 지지며

식을 줄 모르는 어머니의 품

참으로 고색창연한 우리 전통적인 부엌의 무쇠솥 그림이다. 곁에 놓인 나무 가구의 모양이 깔끔하고 솥이 걸린 곳 주변이 한 점 티 없이 정돈된 터이니, 오랜 생활의 현장이기보다는 역사적 전통을 살려 그 형용을 재현한 전시 공간일 시 분명하다. 그렇다고 해서 우리의 눈길에 익숙한 옛 풍경이 무색해지는 것은 아니다. 시인은 이 무쇠솥으로 보리개떡 찌면서 흘린 어머니의 숱한 눈물, 솥뚜껑에 부침개 지지며 태운 어머니의 애간장을 목도 한다. 그 모든 사연과 애환에도 불구하고 '식을 줄 모르는 어머니의 품'은 그대로다. 시대사의 풍정(風情)을 말하는 사진 한 장에서 이처럼 풍요로운 삶의 흔적을 찾아낼 수 있는 시인의 감성과 인식은 자못 상찬(賞讚)할 만하다.

세미원 축음기판

두물머리에
물동이 물 더하여 아리랑이다

망향 동산에
단단히 손잡으면 한강-수월래다

북쪽 하늘 은하수도 칭칭 감고 도는데

사진이 지목하는 두물머리와 세미원은 경기도 양평군 양서면에 있다. 남한강과 북한강의 두 물줄기가 합수하여 한강으로 흘러들기에 양수리다. 세미원은 그 인근에 있는, 연꽃밭으로 유명한 대형 정원의 명호다. 시인은 이 고장을 찾아 여러 크기의 옹기가 운집해 있는 장독대를 발견하고 이를 렌즈에 담았다. 그런데 그 전체적인 형상이 마치 지난 세대의 원형 축음기판을 닮았다는 것이 아닌가. 맑은 한낮의 햇살 아래 말없이 숨죽이고 있는 풍광 속에서, 시인은 아리랑과 한강-수월래의 가락을 이끌어낸다. 보이지 않는 것을 보는 눈, 들리지 않는 것을 듣는 귀의 축복이 디카시인으로서 그의 행복이라 할 대목이다.

4. 그곳 그 땅을 찾아간 깊은 심사

조선조를 울린 풍류 가객, 백호 임제는 1583년 평안도 도사(都事)로 부임해 가던 길에 황진이의 무덤을 찾았다. 그 유택(幽宅)에 술잔을 올리고 시 한 수를 지어 고인의 넋을 달랬다. 그로 인해 파직을 당했다는 기록이 있으나, 시문(詩文)의 소재를 탐방한 그의 기개는 오늘 우리의 눈에도 찬연히 빛난다. 디카시의 소재가 숨죽이고 있는 곳을 신실하게 찾아가는 조규춘의 발걸음에서, 문득 옛 시인의 정취를 본다. 그것은 그를 시인이게 하는 저력이요, 그 노력이 지속적인 바는 우리로하여금 좋은 시를 만나게 하는 추동력이다. 이 시집 3부의 「임진각의 꿈」에서 다시 부르는 노래, 「내가 세운 성산포」에서 돌로 쌓은 탑에 점화된 황혼의 덕을 찾아가는 발길이 그에 대한 좋은 증좌다.

진주성의 날개

그리움이 떨군 자락인가

더 큰 울음으로 박힌
지울 수 없는 버선발

내디딘 발 이리도 저려 올까

    진주성의 남쪽 면, 눈 아래 남강으로 면한 절벽의 모습이다. 그 끝부분에 의기(義妓) 논개의 고사가 서린 의암이 있다. 3부의 첫 장에 시인은 진주성 촉석루 옆 사당에 있는 논개의 영정을 가져다 두었다. 왜장을 끌어안고 강물 속으로 몸을 던진 상황을 두고 "게다짝 물고 버선발로 뛰었다"고, "수궁 한 채" 무너지기 전에 온몸으로 지켰다고 노래했다. 이 시 「진주성의 날개」에서는 너른 바위에 남은 흰색 흔적을 두고 "지울 수 없는 버선발"이라고 적었다. 시인의 눈에는 430여 년 전 의인의 발자국이 지금도 남아 있는, 시공을 넘어서는 경외의 대상으로 떠오른 터이다. 그러기에 조심스럽게 내디딘 자신의 발이 저려온다는 것이 아닌가.

열녀 비문(祕文)

못다 새긴 원고지
가을비 눈물로 썼네

모래 먼지가 훑고 간
입 다문 그 글월들

  찾아 나서고 보면, 열혈의 정신을 불사른 옛사람의 자취가 우리 삶의 주변 곳곳에 있다. 시인이 밝히지 않아 어디의 누구를 기린 비문인지 알 수 없으나, 어느 가을 황갈색 낙엽 지는 날에 또 하나 치열한 삶의 행적을 찾았다. 열녀 비석의 기단(基壇)이 넓고 평평하고 안정감 있게 펼쳐졌고, 거기에 실린 비석의 글을 비문(祕文)으로 읽었다. 그 곁에는 수호수(守護獸) 하나 장중하게 엎드려 있다. 시인은 그 비밀의 글을 일컬어 못다 새긴 원고지에 "가을비 눈물"로 썼다고 한다. "입 다문 그 글월들"이기에 비문이라 한 것인가. 부지런히 발품을 팔아 오랜 세상사의 흔적을 찾아 나선 시인의 손끝에서 탄생한 좋은 시들이다.

5. 세상사의 곡절과 결곡한 서정

"겨울 한복판에서 결국 나의 가슴 속에 불굴의 여름이 있음을 안다"고 한 것은 알베르 카뮈의 글 「여름」에서다. 세상천지 간에 사연 없는 무덤이 없다는 말처럼, 우리 삶의 현장에는 겉과 속이 다르고 이루 다 말 못하는 사정이 숨어 있는 경우가 부지기수다. 세상살이의 모습을 카메라의 렌즈로 담아낼 때, 거기에도 그렇게 복잡다단한 일의 실상이 잠복해 있을 수밖에 없다. 4부의 시에서 시인은 그 곡절들의 정체성을 투시해 보면서, 이를 서정적 감성으로 해석하는 시적 방법론을 시전(示展)한다. 「법성포 새 점묘법」에서 폴 시냑과 조르주 쇠라를, 「죽곡정사 용매」에서 어느 묵객의 초상을 발견하고 새로운 의미를 부여하는 일이 그렇다.

몰카 뒤 몰카

인어공주 찾는 법성포구
갈매기는 애만 태우는데

기웃거린 금발의 속사정
후방이 보이면 삼식이 가장이다

매우 재미있는 장면을 포착한 사진이다. 영광 법성포 얕은 해안에서 그 물가의 동요(動搖)를 찍는 사람, 그 사람이 놓인 광경을 다시 카메라에 담는 몰카의 주인공. 우리가 살아오면서 만난 숱한 인생 유전(流轉)의 그림자를 보는 듯하다. 그런데 왜 시인은 "인어공주 찾는 법성포구"라고 썼을까. 이곳의 명물 굴비 두름의 은빛 때깔을 보면, 마치 인어공주처럼 환상적으로 빛나기 때문일까. 몰카는 불순하든 그렇지 않든 간에 어떤 목적으로 몰래 촬영하는 사진이다. 앞의 물가 사람은 그렇다 하더라도, 왜 뒤의 금발인 사람은 이 몰카의 길에 나섰을까. 인간도처유청산(人間到處有靑山)이라 했으니, 저마다 남은 길이 있을 법한데.

잇다라 쏨

찾아오기를 오래도록 기다렸다

꼬리 내려 알을 품고
날게 되면 같이 날고

긴 기다림을 봐서 오래 머물다 가렴

인류 예술사에 그토록 흔한 꽃과 나비의 사진이다. 아니, 꽃은 분명한데 나비는 정말 나비인지 날벌레인지 선명하지 않다. 그러나 어떤 형편이건 기다림과 만남과 마음의 나눔이라는 공식은 변할 것이 없다. "찾아오기를 오래도록 기다렸다"고 발화하는 이는 필시 꽃일 터이고, "꼬리 내려 알을 품"을 이는 분명 나비일 터이다. "날게 되면 같이 날고"라는 표현을 보면, 이들의 관계가 무척 자유롭고 편안하다. 마침내 꽃은 이렇게 결론을 낸다. "긴 기다림을 봐서 오래 머물다 가렴".

자, 이 범박한 기다림과 만남의 이치를 우리 삶의 실제에 대입해보자. 우리는 어떻게 사람을 기다리고 만나는가. 그리고 그것이 이 미물들의 사례에 비추어 반성하고 배울 바가 없겠는가.

우리는 이제까지 공간예술 전문가이자 행위예술가이며 수발(秀拔)한 디카시인 조규춘의 디카시들을 공들여 살펴보았다. 그가 예술의 여러 장르를 두루 섭렵하며 자신의 내면세계를 가꾸어온 만큼, 그의 디카시들도 여러 유형의 예술적 감각과 표현 방식을 선보이고 있었다. 그가 세상의 풍경과 사물의 형상 그리고 삶의 다양다기한 외관에 갖다 댄 카메라 렌즈는, 아주 독특한 관점으로 피사체의 내면을 해명하고 이를 독자들에게 들려주었다.

그것이 참신하고 설득력이 있는 것은, 그 렌즈의 눈에 자신이 공여한 심경(心境)의 눈이 잇대어져 있기 때문이다. 그리하여 우리는 좋은 디카시의 행렬을 만나는 기쁨을 누릴 수 있었다. 앞으로도 그의 디카시가 더 넓고 깊은 세계를 창안(創案)해 나가기를 간곡한 마음으로 빌어 마지않는다.

디카시 디자인

낙선에서 입상까지 만루-타